JONAS
O MISSIONÁRIO BEM-SUCEDIDO QUE FRACASSOU!

JONAS
O MISSIONÁRIO BEM-SUCEDIDO
QUE FRACASSOU!

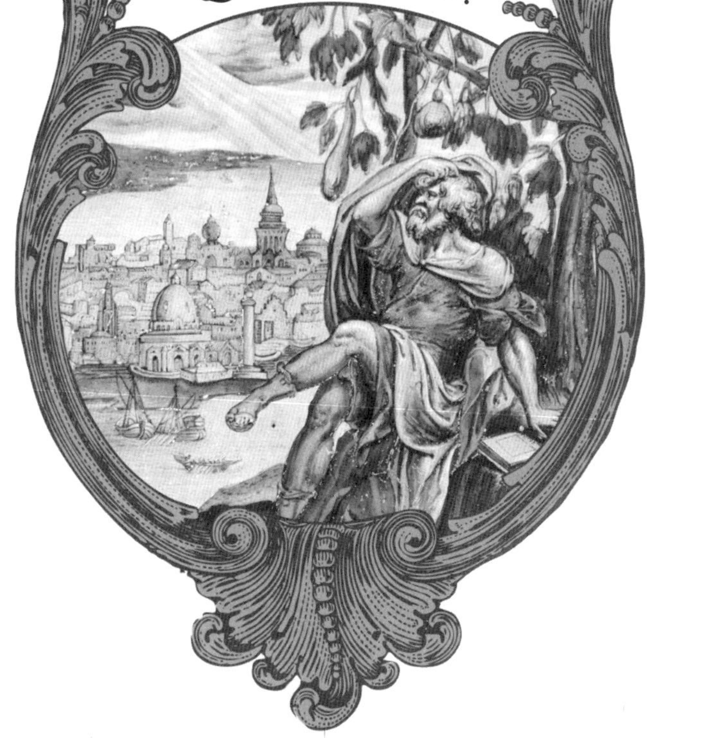

```
O53j    Olyott, Stuart, 1942-
            Jonas : o missionário bem-sucedido que fracassou! /
        Stuart Olyott ; [editado por Tiago Santos]. – 3. reimpr. –
        São José dos Campos, SP: Fiel, 2020.

            77 p.
            ISBN 9788581320137 (brochura)

            1. Jonas, Profeta. 2. Vida cristã – Doutrina bíblica. I.
        Santos, Tiago. II. Título.


                                                         CDD: 248.4
```

Catalogação na publicação: Mariana C. de Melo Pedrosa – CRB07/6477

JONAS
O Missionário bem sucedido que fracassou

Copyright © 2011 Stuart Olyott

·

Editado por Tiago J. Santos Filho a partir das pregações de Stuart Olyott na 27ª Conferência Fiel para pastores e líderes em outubro de 2011.

·

Copyright©2011 Editora FIEL.
1ª Edição em Português: 2012

Todos os direitos em língua portuguesa reservados por Editora Fiel da Missão Evangélica Literária
Proibida a reprodução deste livro por quaisquer meios, sem a permissão escrita dos editores, salvo em breves citações, com indicação da fonte.

·

Diretor: Tiago J. Santos Filho
Editor: Tiago J. Santos Filho
Transcrição: Ingrid Rosane Andrade
Revisão: Tiago J. Santos Filho
Diagramação: Rubner Durais
Capa: Rubner Durais
ISBN: 978-85-8132-013-7

Caixa Postal 1601 | CEP 12230-971
São José dos Campos-SP
PABX.: (12) 3919-9999
www.editorafiel.com.br

Sumário

Apresentação 7

CAPÍTULO 1 – De Costas 11

CAPÍTULO 2 – De Joelhos 27

CAPÍTULO 3 – De Pé 47

CAPÍTULO 4 – Assentado 63

Apresentação

No ano 397, Ambrósio, governador justo e de boa reputação da cidade de Milão, foi pessoalmente à igreja onde seria realizada a eleição para o novo bispo, pois havia uma agitação muito grande por causa do arianismo e da disputa entre partidos interessados no cargo. Na igreja, Ambrósio pediu a palavra e exortou o povo com a eloquência que mais tarde o faria famoso. À medida que Ambrósio falava, o clima agitado amainou-se e o povo o ouvia com atenção e interesse. Até que, num dado momento, um menino gritou: "Ambrósio bispo!". Em seguida, todos do povo também exclamaram, cada vez com mais força: "Ambrósio bispo! Ambrósio bispo! Ambrósio bispo!

Esse clamor seria o fim da carreira política de Ambrósio, então ele saiu correndo da igreja e foi até a prisão, onde mandou torturar vários presos, na esperança de manchar sua reputação. Visto que ainda era seguido pelo povo, Ambrósio trancou-se em casa com várias prostitutas, esperando que assim o povo deixaria de clamar o seu bispado, mas o efeito foi contrário e o povo permanecia inquieto e cada vez mais convencido de que Ambrósio deveria ser o seu pastor e bispo. Ele ainda tentou fugir e esconder-se, mas em vão. Por fim, o futuro mentor de Agostinho, teve de render-se à insistência do povo e concordou em ser o bispo da cidade.

A curiosa história de Ambrósio é mais bem contada no livro do historiador Justo Gonzalez[1], mas é preciso notar que ele não está sozinho. As Escrituras e a história da igreja registram a relutância e temor de muitos que foram chamados ao ministério profético e de ensino, mas poucas histórias são tão emblemáticas como a do profeta Jonas. Stuart Olyott afirmou que Jonas foi o maior missionário de todos os tempos – que fracassou! Jonas é alguém que, tendo sido chamado, não queria ir, não queria pregar, não queria ver o arrependimento do povo ninivita – com o agravante de que, enquanto no caso do teimoso bispo de Milão havia um clamor popular, para o profeta israelense houve um chamado direto da parte de Deus, convocando-o para a missão de chamar a ímpia cidade ao arrependimento.

Mas o que Olyott destaca nesta história é mesmo a graça e misericórdia de Deus, que oferece a salvação a um povo ímpio pelos lábios de um pregador que nem desejava ver sua conversão, ao tempo em que também trabalha o coração deste pregador, ensinando-lhe lições muito preciosas na medida em que o conduz por esta aventura fascinante, que envolve um chamado extraordinário, uma fuga alucinada, um encontro com a morte, uma oração sincera, uma aparição impressionante, e um final aparentemente sem conclusão.

Introdução • 9

Este livro é resultado de adaptações que fiz a partir da talentosa transcrição feita por Ingrid Andrade das mensagens que Stuart Olyott pregou na 27ª Conferência Fiel para Pastores e Líderes em Águas de Lindóia, SP, Brasil, entre os dias 3 a 7 de outubro de 2011. Procurei manter as nuanças, detalhes e comentários feitos por Olyott ao longo de suas exposições, preservando a evidente personalidade do autor que, dono de um apuradíssimo senso de humor britânico, contou a história de Jonas de um modo especial, com ricas e instrutivas ilustrações, exortações práticas e aplicações que haverão de provarem-se muito úteis a todo leitor. Ele dividiu suas mensagens em quatro pontos principais, que aqui foram divididos em quatro capítulos, nos quais temos as seguintes lições: Capítulo 1: "Você sabe o que Deus quer que você saiba?" Capítulo 2: "Você ora? " Capítulo 3: "O que você sabe sobre arrependimento? " E Capítulo 4: "Você está disposto a deixar Deus te ensinar?"

Que Deus abençoe sua leitura.

São José dos Campos, Março de 2012.
Tiago J. Santos Filho
Editor-Chefe

---

1. Justo L. Gonzáles, Uma história ilustrada do cristianismo; a era dos gigantes . v. 2 (São Paulo: Vida Nova, 1991), pp. 139-146.

Capítulo I
de Costas

O assunto que desejo trabalhar a partir da leitura de Jonas é "o missionário bem-sucedido que fracassou". Vamos falar sobre o missionário mais bem-sucedido que já existiu e que foi um fracasso completo. Vejamos o que diz o texto de Jonas, capítulo 1:

> Veio a palavra do SENHOR a Jonas, filho de Amitai, dizendo: Dispõe-te, vai à grande cidade de Nínive e clama contra ela, porque a sua malícia subiu até mim. Jonas se dispôs, mas para fugir da presença do SENHOR, para Társis; e, tendo descido a Jope, achou um navio que ia para Társis; pagou, pois, a sua passagem e embarcou nele, para ir com eles para Társis, para longe da presença do SENHOR.

> Mas o SENHOR lançou sobre o mar um forte vento, e fez-se no mar uma grande tempestade, e o navio estava a ponto de se despedaçar. Então, os marinheiros, cheios de medo, clamavam cada um ao seu deus e lançavam ao mar a carga que estava no navio, para o aliviarem do peso dela. Jonas, porém, havia descido ao porão e se deitado; e dormia profundamente. Chegou-se a ele o mestre do navio e lhe disse: Que se passa contigo? Agarrado no sono? Levanta-te, invoca o teu deus; talvez, assim, esse deus se lembre de nós, para que não pereçamos. E diziam uns aos outros: Vinde, e lancemos sortes, para que saibamos por causa de quem nos sobreveio este mal. E lançaram sortes, e a sorte caiu sobre Jonas. Então, lhe disseram: Declara-nos, agora, por causa de quem nos

CAPÍTULO I – DE COSTAS • 13

sobreveio este mal. Que ocupação é a tua? Donde vens? Qual a tua terra? E de que povo és tu? Ele lhes respondeu: Sou hebreu e temo ao SENHOR, o Deus do céu, que fez o mar e a terra. Então, os homens ficaram possuídos de grande temor e lhe disseram: Que é isto que fizeste! Pois sabiam os homens que ele fugia da presença do SENHOR, porque lho havia declarado.

Disseram-lhe: Que te faremos, para que o mar se nos acalme? Porque o mar se ia tornando cada vez mais tempestuoso. Respondeu-lhes: Tomai-me e lançai-me ao mar, e o mar se aquietará, porque eu sei que, por minha causa, vos sobreveio esta grande tempestade. Entretanto, os homens remavam, esforçando-se por alcançar a terra, mas não podiam, porquanto o mar se ia tornando cada vez mais tempestuoso contra eles. Então, clamaram ao SENHOR e disseram: Ah! SENHOR! Rogamos-te que não pereçamos por causa da vida deste homem, e não faças cair sobre nós este sangue, quanto a nós, inocente; porque tu, SENHOR, fizeste como te aprouve. E levantaram a Jonas e o lançaram ao mar; e cessou o mar da sua fúria. Temeram, pois, estes homens em extremo ao SENHOR; e ofereceram sacrifícios ao SENHOR e fizeram votos. Deparou o SENHOR um grande peixe, para que tragasse a Jonas; e esteve Jonas três dias e três noites no ventre do peixe.

Nínive é a capital da Assíria. A Assíria é o grande poder mundial no ano 770 a.C., e tem incomodado a Síria. Então a Síria está deixando Israel em paz, e Israel, sob o domínio de Jeroboão II, está reconquistando alguns de seus territórios. Tudo isso é o cumprimento de uma profecia que foi dada por Jonas. Você pode ler sobre ela em 2 Reis 14.

Você sabe o que Deus quer que você saiba?

Desejo começar essa exposição em Jonas fazendo uma pergunta simples mas importante: "O que é que Deus quer que você saiba?" Esse é o tema do capítulo 1 do livro de Jonas.

Deus não é como nós! É isso que vemos nos três primeiros versículos do livro de Jonas. E Deus quer que você saiba disso. Ele opera onde você não espera que ele opere. Onde é que Deus está operando neste contexto? Lemos o relato sobre o grande império da Assíria – cruel, violento e sem piedade de ninguém. Será que Deus estava operando naquela grande nação do momento? O Egito ainda era poderoso, será que Deus estava operando lá? E naquele outro lugarzinho que é só um pouco maior que Judá? Todas as pessoas ali usam o nome de Deus, mas quase ninguém o ama. Quase todos ali violaram os seus mandamentos. Israel de nada vale no palco mundial, mas ali, naquela pequena nação rebelde e apóstata, Deus levanta um profeta.

Se você procurasse esse profeta, onde iria encontrá-lo? Na capital? Não! Você o encontra em Gate-Hefer, apenas a alguns quilômetros de uma cidadezinha que surgiria mais tarde - essa cidadezinha que surgiu e se chamou Nazaré. É de lá que veio Jonas, um seguidor de Elias, e alguém que influenciou Amós e Oséias. Deus o levantou naquele lugarzinho.

Deus opera onde você não espera que ele opere.

Agora, se tivessem dito a você, dois mil anos atrás, que o Deus encarnado estava no mundo, onde você o procuraria? E onde você o encontraria? Na pequena Nazaré, na oficina do carpinteiro. Se você estivesse no século XVIII, procurando pelo maior pregador que o mundo britânico já conheceu, e alguém dissesse para você: "ele ainda é um garotinho, mas será o maior pregador de todos", onde você o encontraria? Você teria de ir à cidade de Gloster, encontrar um pequeno bar na esquina, e subir a um pequeno apartamento que ficava em cima do bar. Ali você encontraria um garotinho que se chamava George - George Whitefield.

Deus opera onde você não espera que ele opere!

Onde Deus está operando hoje? Não olhe nos olhos de nenhuma criança e a despreze. Vamos caminhar pelas ruas de um vilarejo completamente esquecido: os meninos estão brincando e correndo, mas um deles não está. Ele é um pouquinho gordo, ele gosta de livros, ele prefere brincar no escritório de seu avô e ler. Ele não está interessado em jogadores de futebol. Qual é o nome dele? C. H. Spurgeon.

Onde é que Deus está operando? Você é pastor de uma pequena igreja? Deus opera nos lugares mais surpreendentes.

Deus não diz o que você espera que ele diga!
Veja o que ele diz no versículo 2. Jonas não gosta. Ele preferiria que a Assíria continuasse perversa - assim ele saberia que eventualmente Deus iria destruí-la e ela não seria uma ameaça novamente para sua amada nação, Israel. Mas Jonas sabia que se ele fosse para a Assíria e pregasse o juízo, provavelmente eles se arrependeriam. Deus é tão generoso, tão bondoso e tão gentil, que os perdoaria. Então a Assíria sobreviveria e seria uma ameaça para a pequena Israel. Ele não queria proferir a mensagem que Deus entregou a ele. Deus diz o que você não espera que ele diga.

Deus realmente disse que nós deveríamos pregar o evangelho a cada indivíduo? Cada indivíduo? Cada um deles? Isso é o que ele diz.

Deus opera em um ritmo que é só dele!
Jonas não gostou do que Deus disse. Então ele deixou a sua casa, caminhou pela costa, chegou ao pequeno porto de Jope e pegou um barco para ir a Tarses. E o que é que Deus fez? Nada! Deus disse para Jonas ir numa direção, e ele foi para outra. Se esse fosse o seu filho, o que

você faria? Eu penso que eu o deteria e lhe daria um pequeno "encorajamento". Mas o que é que Deus fez? Nada. Você pode realmente fugir de Deus? Não, mas veja, o pecado afeta o seu julgamento e então você começa a fazer coisas tolas por ser o pecador que você realmente é.

Deus governa.

Passemos agora aos versículos 4 a 7. Nele vemos que Deus governa. Ele governa os ventos e as ondas. Dizer isso é fácil, mas vamos pensar sobre isso.

Eu sou um pouco fanático – eu tenho um monte de hábitos estranhos. Meu programa favorito na televisão é a previsão do tempo: eu assisto um pouco antes de tomar o café da manhã, e assim que eu termino, assisto novamente para o caso de ter havido mudança.

Infelizmente o nosso clima no País de Gales é influenciado pelo que acontece nos Estados Unidos - é muito difícil para um britânico admitir isso, nós não queremos ser influenciados pelos Estados Unidos -, e o clima nos Estados Unidos é influenciado pelo Ártico, pela Antártida, pela posição do sol em relação ao planeta e uma série de outros fatores. Você alguma vez já pensou no que é necessário para gerar vento? Para a brisa suave da tarde, por exemplo, há anos de preparação só para que o vento se mova naquele momento e naquele local.

E Deus mandou um forte vento. E Jesus deteve um grande vento. Pense no que é necessário para isso. E que vento! Deus governa os ventos, as ondas e tudo mais, de forma a reforçar a Sua soberania - porque mesmo os marinheiros experientes se viram assustados com aquela tempestade.

Quando eu era ainda menino, eu estava em um grande navio de passageiros e ele quebrou – ele havia sido fabricado na Grã Bretanha. Ele quebrou no Golfo da Biscaia, em meio a uma tempestade. Eu nunca vou esquecer aquele momento: o navio descia nas ondas e o vale da onda era tão profundo que parecia estar escuro. E então, o navio subia nas ondas e se podia ver a quilômetros de distância. Havia pessoas que estavam tão mal que pediam para que morressem. E você sabe o que os tripulantes fizeram? Eles sorriram, fizeram as camas, prepararam o café da manhã - não há nada pior do que sentir o cheiro de bacon quando você já está se sentindo enjoado.

Mas, aqui em nosso texto os marinheiros estavam com medo. Você pode ver a partir dos versículos 6 e 10 que eles estavam conscientes de que uma influência divina estava movendo o vento e que este era fruto da ira de Deus. E eles - pessoas não convertidas - sabiam disso. Que tempestade extraordinária! E, ainda, Deus governava de forma a enfatizar a sua bondade. Eles jogaram fora qualquer coisa que impedisse o barco de flutuar melhor, eles oraram a seus deuses, e eles tinham certeza de que o navio se partiria. Mas ele se partiu? Não, porque Deus é extremamente bom - embora ele seja extremamente severo.

Deus governa de tal forma a enfatizar que o endurecimento espiritual é uma realidade.

Jonas estava dormindo. Há somente um pedaço de madeira entre ele e a eternidade. Ele estava dormindo porque é possível - mesmo para uma pessoa redimida - ser tão insensível espiritualmente, que ainda que Deus esteja gritando em sua direção e ainda que os não convertidos estejam cientes disso, ela não ouvirá nem sentirá nada.

E Deus governa mesmo as conversas humanas.

Veja o versículo 6 - o vento não acorda Jonas, as ondas não acordam Jonas, mas há uma pergunta que faz isso: "Chegou-se a ele o mestre do navio e lhe disse: Que se passa contigo? Agarrado no sono? Levanta-te, invoca o teu Deus; talvez, assim, esse deus se lembre de nós, para que não pereçamos". Eu acho que naquele momento a ficha de Jonas caiu.

E Deus governa até mesmo o lançar de sortes.

Se eu lanço uma moeda e pergunto: "cara ou coroa?". Você sabe a resposta? Não, mas Deus sabe porque ele governa até mesmo isso - e se você não acredita nisso, você está precisando de um desodorante calvinista porque o cheiro do arminianismo ainda está impregnado em você!

Vamos pensar sobre você: onde você nasceu? Quem são seus pais? - Antes de eu ser convertido eu pensava: "por que Deus teve que me dar esses pais"? - Quem são seus irmãos e irmãs? Qual é a cor do seu cabelo - se você ainda os tem? Qual é a sua aparência? Quais são os seus talentos?

Alguém deixou cair uma caneta. Foi um acidente? Talvez tenha sido, mas será que foi? A luz do semáforo mudou para a cor errada? Há uma lâmpada faltando no meu quarto? Isso é apenas por acaso? O fato de você estar lendo isso, será que é um acidente? Olhe para alguém próximo a você, será que é um acidente você estar ao lado dela? Deus governa tudo isso - e tudo mais também! Você não pode fugir de Deus. Deus não é como nós. Deus governa.

Deus restaura.

Mas ele restaura à sua própria maneira. Você verá isso nos versículos de 8 a 12. Deus não restaura os apóstatas de uma só vez. Deus sempre trabalha no seu ritmo e à Sua própria maneira. E, quase sempre, ele restaurará o apóstata através de algo dito por lábios humanos.

Um amigo meu acabou de se tornar um missionário para o mundo árabe. Mas volte alguns anos no tempo. Ele havia feito sua profissão de fé, mas estava longe de Deus. Ele estava partindo o coração de sua esposa. Ele era um policial - quase tão criminoso quanto as pessoas que perseguia. Mas, de vez em quando, um pensamento vinha: "será que não eram mesmo verdade as coisas em que eu acreditava?" E os pensamentos vinham com mais frequência. E então ele teve o desejo de ouvir as Escrituras. Assim, ele dirigiu por 160 km para onde sabia que havia uma reunião cristã acontecendo. Ele veio e ouviu um sermão. E, à medida que ouvia *palavras*, sua alma ia sendo restaurada.

Deus usa palavras - e ele usa especialmente perguntas.

"E lançaram sortes, e a sorte caiu sobre Jonas". No versículo 8, você pode ver todos os marinheiros ao redor de Jonas: "Por favor, nos diga", diz um deles, "de onde vem todo esse problema"?; "O que você faz da vida"?, diz um outro. "De onde você vem"? "Qual é o seu país"? "De que povo você é"? Eu imagino quantas perguntas mais foram feitas.

Deus abençoa as perguntas. Jesus usou perguntas. Cristãos reformados entediantes não usam perguntas. Você usa? - e isso é uma pergunta! Você percebe porque você é tão entediante? Você nunca se compromete com a congregação! Jesus usava perguntas em todo momento.

E você prega 55 minutos e as pessoas estão morrendo, esperando por 55 perguntas. E, eventualmente, elas começam a fazer uma única pergunta: por que ele não para?

Deus usa as nossas respostas.

No versículo 9, lemos: "Sou hebreu e temo ao Senhor, o Deus do céu, que fez o mar e a terra". Que declaração maravilhosa veio dos lábios de Jonas! Ele temia ao Senhor? Eu creio que naquele momento sim. "Eu sou um hebreu, eu sou do povo da aliança" - um senso de privilégio está presente aí. "Ele é o Deus do céu, não de uma terra em particular! Ele fez o mar onde nós estamos navegando! Qualquer terra a que chegarmos, foi feita por ele também". "E você está fugindo dele!", dizem os marinheiros, "Por quê"? E então eles fazem uma pergunta realmente surpreendente: "o que nós deveríamos fazer com você"? E Jonas se encontra dando uma resposta que 15 minutos antes ele não sonharia em dizer: "tomai-me e lançai-me ao mar, e o mar se aquietará, porque eu sei que, por minha causa, vos sobreveio essa grande tempestade". Deus não é fantástico? Através dessas perguntas e por causa da tempestade, Deus fez algo na alma de Jonas. E esse homem, que de forma alguma queria que Deus fosse generoso com pagãos, está, na verdade, disposto a se sacrificar por pagãos perdidos. E a sua alma foi reparada. E isso aconteceu basicamente através de palavras.

Música é bom. Alguma música é algo muito bom. Mas música sempre, não é bom, a menos que isso sirva à Palavra. Imagens são boas. Algumas imagens são muito boas. Mas as melhores imagens são aquelas que estão em sua mente, colocadas ali por palavras. "E assim", disse Martinho Lutero, "minha tarefa como pregador é colocar olhos nos ouvidos das pessoas".

Deus usa palavras. É por isso que, geralmente, temos os nossos púlpitos no meio do salão de culto, porque acreditamos na centralidade da Palavra. É por isso que pregamos mais do que cantamos, porque nós cremos na prioridade da Palavra. Quando eu me tornei um pastor em Liverpool, o púlpito não era no meio. E eu disse aos presbíteros: "vamos nos livrar do púlpito que está ali na lateral". "Mas, Pastor, é um belo pedaço de madeira! Seria um sacrilégio destruir tão bela mobília". Mas na bondade de Deus - porque ele governa sobre tudo -, o púlpito era muito alto, e eu passei a ter vertigem. E então eu tive que parar de usar o púlpito porque eu continuava caindo dele. E eu ficava em pé no meio da igreja. O púlpito ficou lá por mais alguns anos, até que eles chegaram e disseram: "qual é o sentido em manter aquilo ali"? Nós cremos na centralidade da Palavra e, se possível, refletimos isso em nossa arquitetura. Deus ama palavras. Seu Filho é a Palavra. O seu livro é a sua Palavra. Existe a Palavra encarnada e a Palavra escrita. E a obra espiritual é realizada através de palavras.

Deus não é como nós! Deus governa! Deus restaura!

Deus salva!

Ele salva incrédulos. Versículos 13 a 17. Veja o que Deus mostra aos marinheiros – homens não convertidos, pagãos e ignorantes. Deus ensina a eles. Ele ensina que a Sua ira não pode ser aplacada por nada que façam. Veja o que os marinheiros tentam fazer no versículo 13: eles tentam remar para trazer o navio a terra. Mas quanto mais eles remam, pior a tempestade fica. Porque eles têm de aprender que a ira de Deus não pode ser aplacada por nossas obras. Você já aprendeu essa lição? Não há nada que você ou eu possamos fazer que irá aplacar a ira de Deus. Aprenda bem a lição.

E então Deus mostra aos marinheiros que suas vidas só podem ser salvas por outra vida sendo sacrificada.

Eles não querem sacrificar Jonas, eles estão conscientes de que é sangue inocente que estão sacrificando. Eles pedem a Deus para perdoá-los. Isto foi o que eles aprenderam: que a ira de Deus só pode ser aplacada por uma vida sendo sacrificada em lugar de outros. Deus os conduz à posição de pedintes arrependidos.

Que oração extraordinária é o versículo 14! Você pode sentir a urgência dela, a emoção, a intensidade! Porque eles estão suplicando a Deus. E é assim que nós chegamos à salvação, não é? Conscientes da nossa perdição e culpa, nós clamamos a Deus. E as palavras não importam tanto. Na oração, Deus olha para o coração. Uma vez, um missionário pregou em inglês para índios nativos americanos através de um intérprete, que estava bêbado. O chefe da tribo estava muito comovido e queria vir ao Senhor. Então ele orou. E eu conheço a oração dele de cor. Foi assim: "um, dois, três quatro, cinco, seis, sete, oito, nove, dez". Ele disse isso em inglês, porque como o pregador pregava em inglês, ele pensou que Deus só entendia essa língua - então ele usou todo o inglês que sabia! E Deus o salvou.

Às vezes as pessoas ouvem o evangelho, e tudo o que elas conseguem expressar é um suspiro. É o suficiente. Às vezes elas estão tão comovidas pela mensagem da cruz que não dizem nada, mas todo o seu coração dói para ser encontrado reto diante de Deus, através de Cristo. É o suficiente.

Deus ensina obediência.

Os marinheiros aprenderam a obedecer. Eles jogaram Jonas para fora do barco. Deus os ensinou a temer, porque imediatamente o mar se tornou calmo. Deus os ensina a adorar. Eles nunca haviam sabido de um Deus como esse. E Deus os ensina a se consagrarem a ele. E o missionário fracassado já viu os seus primeiros convertidos. Ele é o missionário bem sucedido que fracassou. Todos podem ver que a salvação destes homens é somente pela Graça.

Deus salva dessa forma porque sempre tem um propósito centrado em Cristo em tudo o que faz. Veja o que ele disse em Mateus 12:38-41: "Então, alguns escribas e fariseus replicaram: Mestre, queremos ver de tua parte algum sinal. Ele, porém, respondeu: Uma geração má e adúltera pede um sinal; mas nenhum sinal lhe será dado, senão o do profeta Jonas. Porque assim como esteve Jonas três dias e três noites no ventre do grande peixe, assim o Filho do Homem estará três dias e três noites no coração da terra. Ninivitas se levantarão, no Juízo, com esta geração e a condenarão; porque se arrependeram com a pregação de Jonas. E eis aqui está quem é maior do que Jonas". Tudo o que Deus faz - tudo o que Deus faz em todo lugar – busca, de uma forma ou de outra, focar a nossa atenção em Cristo.

Capítulo 2
de Joelhos

Jonas foi tragado e vomitado por um peixe. Isso é mesmo verdade ou será que este livro é apenas uma parábola? Seria esse peixe apenas uma ilustração, ou isso realmente aconteceu?

Muitas pessoas têm argumentado que o livro de Jonas é apenas uma estória ilustrativa, como *O Peregrino*. Elas dizem: "há ilustrações, há animais, há pessoas, mas o que é realmente importante é a verdade por trás da estória" - é assim que algumas pessoas argumentam.

Mas há certas coisas que nós devemos lembrar. Nós sabemos, a partir de II Reis 14, que Jonas era uma pessoa histórica, de verdade - e parábolas não usam pessoas históricas reais. O que Jesus disse? "Ninivitas se levantarão, no Juízo, com esta geração e a condenarão; porque se arrependeram com a pregação de Jonas. E eis aqui está quem é maior do que Jonas". O Senhor Jesus Cristo, o filho de Deus, fala sobre Jonas como uma pessoa histórica real. Ele fala sobre o verdadeiro arrependimento de Nínive e repreende aqueles que estavam ouvindo porque estes não haviam se arrependido. Tudo isso não faria sentido algum se Jonas fosse somente uma parábola.

Mas há outra coisa que você deve saber: algumas vezes homens foram engolidos por peixes. Há uma espécie de tubarão, em latim é chamado de *carcharias*, mais conhecido como tubarão branco. Às vezes esse peixe é encontrado no Mar Mediterrâneo e pode chegar a 10 metros de comprimento - e nós sabemos pela Ciência que houve espécimes maiores no passado. Em 1758, um marinheiro britânico caiu de seu navio no Mediterrâneo - uma coisa muito britânica de se fazer. E para o espanto de todos, um tubarão veio e o engoliu. O capitão do navio era um homem de raciocínio rápido e, imediatamente, atirou um arpão no tubarão. O tubarão - provavelmente surpreendido por isso – ficou enjoado e colocou o marinheiro para fora. O marinheiro estava vivo - um tanto malcheiroso, mas havia sobrevivido a essa experiência. O capitão - um homem bondoso - atirou mais alguns arpões e matou o tubarão. Então, o trouxeram a bordo, secaram e o deram ao marinheiro como presente. Este, imediatamente, se aposentou da marinha e viajou ao redor da Europa com o tubarão de 7 metros explicando o que havia acontecido a ele.

O tubarão branco é um animal um tanto impressionante. Algumas vezes, no estômago de tubarões brancos, foram encontrados pequenos cavalos. Uma vez encontraram um veado sem chifres e, em outra vez, encontraram um homem em uma armadura - eu creio que este último tubarão teve, provavelmente, uma indigestão.

Não há nada impossível sobre a história de Jonas.

Então chegamos ao capítulo 2. No capitulo 1, Jonas estava de costas. E eu fiz uma pergunta: você sabe o que Deus quer que você saiba? No capítulo 2, Jonas está de joelhos. E eu tenho outra pergunta: **você ora?**

Vejamos o que diz o capítulo 2 do livro de Jonas:

Então, Jonas, do ventre do peixe, orou ao SENHOR, seu Deus, e disse: Na minha angústia, clamei ao SENHOR, e ele me respondeu; do ventre do abismo, gritei, e tu me ouviste a voz. Pois me lançaste no profundo, no coração dos mares, e a corrente das águas me cercou; todas as tuas ondas e as tuas vagas passaram por cima de mim. Então, eu disse: lançado estou de diante dos teus olhos; tornarei, porventura, a ver o teu santo templo? As águas me cercaram até à alma, o abismo me rodeou; e as algas se enrolaram na minha cabeça. Desci até aos fundamentos dos montes, desci até à terra, cujos ferrolhos se correram sobre mim, para sempre; contudo, fizeste subir da sepultura a minha vida, ó SENHOR, meu Deus! Quando, dentro de mim, desfalecia a minha alma, eu me lembrei do SENHOR; e subiu a ti a minha oração, no teu santo templo. Os que se entregam à idolatria vã abandonam aquele que lhes é misericordioso. Mas, com a voz do agradecimento, eu te oferecerei sacrifício; o que votei pagarei. Ao SENHOR pertence a salvação!

Falou, pois, o SENHOR ao peixe, e este vomitou a Jonas na terra.

Eu tenho mais três perguntas agora. E depois que nós considerarmos essas três perguntas, nós consideraremos uma pergunta ainda maior.

Você tem de ser forçado a orar?

Veja Jonas 1:17. Jonas esteve na barriga do peixe por três dias e três noites. E então Jonas orou. Jonas não havia orado até então neste livro. Ele não falou com o Senhor uma única vez. Ele falou com os marinheiros, e estas são as únicas palavras que ouvimos de seus lábios. Mas agora ele foi lançado ao mar, e no momento em que ele cai na água, o vento para.

As pessoas naquele tempo não sabiam nadar. Mas as pessoas que não sabem nadar, geralmente conseguem submergir e vir à tona um pouco. Então quando Jonas vem à tona, o mar está calmo; mas quando ele está afundando novamente, começa a perceber que algo está acontecendo a ele: ele está em um lugar escuro, um lugar quente, um lugar malcheiroso, um lugar onde, ainda assim, consegue respirar. Ele sabe que Deus é Deus. E Deus arrumou algo extraordinário para ele. O que mais ele pode fazer agora? Ele está inteiramente nas mãos de Deus! Ele não tenta algum tipo de psicologia animal com o tubarão - nós temos psicólogos para falar com cachorros, talvez tenha algum por aí que fale com tubarões, eu não sei. Mas Jonas não tenta persuadir o tubarão a levá-lo à margem e vomitá-lo. Essa é uma experiência terrível! Quando eu penso profundamente sobre isso, me faz tremer! O que mais se pode fazer nessa situação a não ser orar? Jonas tem de ser forçado a orar.

Lutero era ainda um homem não convertido quando foi pego em uma tormenta. Em toda a sua vida, ele nunca havia orado do fundo de seu coração - embora tenha feito muitas orações. Quando um raio caiu ao redor dele, pela primeira vez, uma oração saiu do fundo de seu coração. Ele orou, porém, à pessoa errada, a uma santa: "ajude-me"! Mas pelo menos foi uma oração do fundo do coração. O seu coração havia sido tocado. Às vezes as pessoas precisam ser colocadas em uma situação em que são forçadas a orar.

O dia 10 de março 1948 foi um dia importante no Oceano Atlântico. Houve uma tempestade terrível. A bordo do navio estava um jovem cruel. Eles mergulharam em um desses vales de onda profundo e o capitão tinha certeza de que eles nunca viriam à tona novamente. Mas eles vieram. Havia muita água dentro do navio. Então o capitão falou a toda tripulação para ir às bombas e bombear a água para fora. E esse jovem cruel disse: "se isso não funcionar, que o Senhor tenha misericórdia de nós". E então ele quase parou antes de chegar às bombas e disse: "O Senhor? Misericórdia? Pode haver misericórdia para mim"? Mas quando a noite chegou, a água havia sido retirada totalmente. E aquele homem orou todos os dias, daquele dia até sua morte. Ele se tornou um dos grandes pregadores de sua época, seu nome era John Newton. Você canta seu hino - ele escreveu algumas centenas de hinos, mas você conhece *A graça eterna de Jesus*, não conhece? Ele teve que ser forçado a orar. Isso não é triste?

Um coração que não ora, nunca é um bom sinal. Eu conheço um casal jovem que estava indo bem na sua vida de casados cristãos, mas eles pararam de ler a Bíblia juntos e de orar juntos. E então ele parou de orar totalmente. Um bebê nasceu - coisa terrível para um bebê nascer em um lar que não ora -, havia algo errado com o bebê. Eu fui ao hospital visitar o casal e a criança. O bebê era muito pequeno. No topo de sua cabeça, haviam fixado uma grande torneira metálica. Essa é uma experiência terrível, não é? Não, não foi. Porque daquele dia em diante, aquele casal orou novamente. E, hoje, eles estão caminhando bem com o Senhor.

Você tem de ser forçado a orar? Orar é dizer a Deus tudo o que está em seu coração. Vou afirmar isso mais uma vez: "orar é dizer a Deus tudo o que você tem no seu coração". E se você não faz isso, uma das três coisas é verdadeira: ou você não é convertido, porque não convertidos não oram do fundo do coração; ou você é um desviado, você está distante de Deus e nunca terá nenhuma segurança enquanto você continuar como está; ou você é um apóstata, alguém que conhece as verdades da fé cristã, alegou ser um cristão, mas desistiu de tudo e trata como falso o que sabe ser verdade. Mas seja como for, seja você um não convertido, um desviado ou um apóstata, se você não é um homem ou mulher de oração, você está em apuros. Mas Deus, em sua bondade, traz, frequentemente, as pessoas ao ponto em que elas são forçadas a orar - e um orador forçado é melhor do que alguém que não ora.

Um pastor que eu conheço tinha um pecado secreto - mais tarde ele me contou sobre isso. Então ele teve um terrível acidente de motocicleta. Esse acidente o colocou na linha, ele se arrependeu de seu pecado e voltou a orar.

Doença leva as pessoas a orar.

O luto traz as pessoas à oração.

Uma vez, quando eu estava sepultando uma mulher, estava em pé, ao lado da sepultura, um jovem. Em cada um de seus lados havia dois fortes guardas de prisão. Ele era um jovem violento e já estava preso há algum tempo. Então sua mãe morreu de repente, e permitiram que ele fosse ao funeral. E, à medida que ele via o caixão descendo à sepultura, ele chorava como um bebê. E orava! Ele foi convertido no funeral de sua mãe e tem servido ao Senhor pelos últimos trinta anos. Mas ele teve de ser forçado a orar.

Desapontamentos fazem as pessoas orar.

Algumas pessoas estão desapontadas com seus casamentos, com seus filhos, com sua carreira, com sua igreja, com elas mesmas. Deus deixa algumas pessoas sem emprego como um presente bondoso a elas, para que orem. Pessoas se afundam em débitos; pessoas acordam à noite com assaltantes dentro de suas casas; algumas têm perdas terríveis; algumas vidas são visitadas pela incerteza. Deus governa sobre tudo isso. Essas são as Suas providências bondosas - embora difíceis - para dar a você a maior benção que você pode ter no mundo: um coração voltado à oração.

Você sabe que pode orar ao Senhor de qualquer lugar?
O verso primeiro do texto de Jonas diz o seguinte: "Então, Jonas, do ventre do peixe, orou ao Senhor, seu Deus".

Você sabe que pode orar ao Senhor de qualquer lugar? Isso é verdade geograficamente. Eu não sei onde exatamente Jonas estava no Mar Mediterrâneo - e tenho certeza que ele também não sabia. Eu não sei em que profundidade ele estava, mas de lá, ele orou.

Você pode orar de qualquer lugar! Abraão orou do deserto, assim também fizeram Isaque e Jacó; Salomão orou no templo; o coletor de impostos orou na sinagoga; Cornélio orou em uma casa; os discípulos oraram em um barco; Jesus orou em um jardim; e você pode orar em qualquer lugar! Você pode orar aí onde você está sentado. Se você for tocado pela Palavra, você não de que sair de onde está para se relacionar com Deus. Você pode orar no seu quarto! Não há lugares sagrados porque todos os lugares são sagrados! Porque em Deus nós vivemos, nos movemos e temos o nosso ser. E ele não está longe de nenhum de nós, ele está mais próximo de nós do que nossas mãos ou respiração, ele está mais próximo de nós do que estamos de nós mesmos.

Mas o que é verdade geograficamente, também é verdade espiritualmente. Pense agora sobre Jonas: ele é desobediente. Deus disse: "vá para o leste", mas ele foi para o oeste. Deus disse: "vá para a terra", mas ele foi para o mar. Deus disse: "vá e pregue", mas Jonas foi dormir. Ele tem uma atitude errada. Ele não quer ver os cruéis assírios sendo poupados, ele preferiria vê-los aniquilados pelo Juízo de Deus - isso não é muito certo da parte dele, não é?

Eu tenho um verso preferido na Bíblia. Eu costumava dizer às pessoas: "não tenham um versículo preferido na Bíblia, apenas ame a Bíblia inteira" -, mas eu era um hipócrita. Porque eu tenho um versículo predileto: "E levantando-se, foi para seu pai. Vinha ele ainda longe, quando seu pai o avistou, e, compadecido dele, correndo, o abraçou, e o beijou". Isso não é maravilhoso? "Quando ele ainda estava a uma grande distância"!

Você pode estar em uma conferência cristã, uma igreja, seminário e estar a quilômetros de distância de Deus. Você está assim? Você pode orar a Deus de onde estiver. O Senhor não diz: "melhore primeiro"! Ele não diz: "endireite-se antes"! É suficiente olhar na direção do Pai. E quando você estiver a uma grande distância - tão longe que você não saiba mais quão longe está -, seu Pai estará correndo em sua direção, ele abraçará você, beijará você, e suas primeiras palavras a você serão: "meu filho"! Este é o evangelho que pregamos! Há um caminho de volta a Deus dos caminhos escuros do pecado. Há uma porta que ele abre e pela qual nós podemos entrar. Na cruz do calvário é onde começamos, quando nos achegamos como pecadores a Jesus. Você pode ser restaurado! "Se confessarmos os nossos pecados, ele é fiel e Justo para nos perdoar os pecados e nos purificar de toda a injustiça". Não importa há quanto tempo você tem estado longe, não importa quão ruim tem sido, não importa o que você tenha feito no país distante, você pode ser completamente reconciliado com Deus agora!

Você percebe que por melhor que você ore, Deus não permitirá a você que pare de andar no caminho da obrigação?

Vejamos o que diz o versículo 10: "Falou, pois, o Senhor ao peixe, e este vomitou a Jonas na terra". Capitulo 3:1: "Veio a palavra do Senhor, segunda vez, a Jonas, dizendo: Dispõe-te, vai à grande cidade de Nínive". Jonas não quer ir a Nínive, mas Deus o encontrou. Isso significa que agora que ele está perdoado, ele não terá que ir a Nínive? A primeira coisa que Deus diz a Jonas, quando ele é restaurado, é esta: "então, Jonas, você não queria ir. Mas vá"!

Talvez você não esteja sendo muito submissa ao seu marido recentemente. Mas você tem estado com Deus em secreto, já confessou tudo a ele e está caminhando novamente com o Senhor. Sabe o que você terá que fazer agora? Você terá de ser submissa ao seu marido!

Talvez você não esteja amando sua esposa como Cristo amou a Igreja. Você não tem feito sacrifícios por ela, quebrou promessas feitas, não tem mostrado a afeição que um marido cristão deveria, não tem cultivado a vida espiritual dela. Mas você falou com Deus sobre tudo isso e está tudo perdoado. Agora, você terá que olhar sua esposa nos olhos e dizer: "querida, eu errei! E agora com a ajuda do Senhor, e com a sua ajuda, eu quero fazer isso certo". O fato de você ter se relacionado com Deus em secreto, não significa que Deus te dispensará da sua obrigação.

Algumas pessoas ainda estão esperando para ser batizados. Havia um homem assim na igreja de Spurgeon. E Spurgeon lhe perguntou: "por que você ainda não foi batizado"? O homem disse: "eu estou pensando sobre isso". "Há quanto tempo você tem pensado sobre isso"? "Uns 40 anos". "Por que tanto tempo"? "Diz na Bíblia que aquele que crer não se apressará". Quando você conversa com

Deus acerca de qualquer coisa, você ainda terá de fazer o que tem adiado por todo esse tempo.

Um dos sinais de um coração que não é voltado à oração é que as pessoas se mantêm distantes da reunião de oração. E um dos sinais de um coração voltado à oração é que você quer orar com outros. Mas você não gosta da ideia de ir à reunião de oração – "é uma noite inteira toda semana"! - Mas você falou com o Senhor sobre isso e a sua negligência foi perdoada. Então a sua igreja verá você na próxima semana, na reunião de oração.

Há algumas coisas que não estão na palavra de Deus, mas a sua consciência tem falado a você sobre isso. Nunca é seguro violar a sua consciência! Mas você tem violado a sua consciência, mês após mês, em uma área em particular. E, na misericórdia de Deus, você agora falou com Deus sobre isso. Você não está livre para violar sua consciência novamente! Aquilo que não provém de fé, é pecado! O que você não pode fazer com consciência tranquila pode não ser pecado para outros, mas é pecado para você. Não é suficiente apenas falar com o Senhor sobre isso, você precisa pôr em prática e ser restaurado. Você tem de fazer o que o Senhor espera que você faça.

Então estas são as três perguntas: você tem de ser forçado a orar? Você sabe que pode orar ao Senhor de qualquer lugar? Você percebe que por melhor que você ore, você ainda tem de andar no caminho da obrigação?

Vamos olhar um pouco mais profundamente o capítulo 2. Eis a minha grande pergunta:

Você consegue ver no capítulo 2, tudo o que teve de acontecer no coração de Jonas para que ele fosse restaurado do seu desvio?

Primeiro de tudo: ele percebeu que Deus realmente é Deus. Pense na última coisa que ele viu enquanto afundava na água. Imagine os seus pensamentos enquanto um peixe o engolia e ele não se afogava. Pense na significância do versículo 1: "Então, Jonas, do ventre do peixe, orou ao Senhor, seu Deus". Pense na significância do versículo 8, quando ele percebe que Deus é Deus e ídolos são vãos.

Você não pode ser restaurado do seu desvio até ter um senso da divindade de Deus. Toda experiência espiritual verdadeira nos faz perceber algo da divindade de Deus - não foi isso que aconteceu com você no dia da sua conversão? Eu estava sentado na última fileira de uma galeria, em uma igreja Batista. À medida que o pregador pregava, toda a minha alma era invadida por um senso de Deus. A recuperação espiritual sempre tem essa característica. É por isso que Jonas ora! Versículo 1: "Então Jonas orou"; versículo 2: "Na minha angústia, clamei ao Senhor"; versículo 4: "Então, eu disse: lançado estou de diante dos teus olhos"; versículo 7: "Eu me lembrei do Senhor; e subiu a ti a minha oração". Jonas enxerga a sua pequenez e a Glória de Deus. Ele percebe que sem Deus, ele está sem esperança. Versículo 2: "Na minha angústia, clamei ao Senhor"; versículo 7: "Quando, dentro de mim, desfalecia a minha alma, eu me lembrei do Senhor". Jonas diz ao Senhor o que o Senhor havia feito por ele. Se você observar os versículos 3, 5 e 6, você verá que é exatamente isso que Jonas está fazendo: "o Senhor me trouxe para dentro da barriga do peixe", "as suas ondas e as suas vagas passaram sobre mim", "o Senhor fez com que as algas se enrolassem na minha cabeça", "o Senhor salvou minha vida", "o Senhor é o meu Deus". Jonas está falando com Deus sobre o que o Senhor fez por ele.

Eu amo o capítulo 2! Jonas virou as costas para Deus, fugiu de Deus e descobre que, não importa em qual caminha ele corra, Deus ainda está diante dele. Foi o que aconteceu com Paulo. Paulo estava indo pela estrada de Damasco. Ele virou as costas para Cristo, mas quem ele encontrou diante dele? Cristo! Nós viramos as costas para ele, mas ele está nos encarando o tempo todo! Isso é Graça!

Eu fui pastor por muitos anos em uma igreja de fala francesa. Um dia, naquela igreja, na Suíça, entrou uma moça. Ela era inglesa, falava pouco francês, mas veio à nossa congregação. Minha primeira pergunta foi uma pergunta normal: "o que traz uma moça inglesa como você à Suíça"? "John Marshall", ela disse. Isso não quer dizer nada para você – Mas John Marshall foi um dos nossos maiores pregadores calvinistas, que não apenas pregava semanalmente em sua igreja, mas que, por quase 50 anos, pregou semanalmente no mercado local. Nunca houve um pregador tão ousado como John Marshall. Ele pregava com tanta força que até mesmo os ratos fugiam. Ela disse: "eu não posso suportar a pregação de John Marshall, meus pais frequentam a igreja dele! Eu não aguento mais! Então eu vim para a Suíça porque eu descobri agora que não posso viver sem aquela pregação". Não é estranho? Ela fugiu da pregação, e de repente, descobriu que o que ela queria era pregação. E o Senhor a encontrou em um país distante.

Eu tenho uma história melhor do que essa. Você sabe onde é o Canadá? É maior que os Estados Unidos, você deveria saber onde é o Canadá! O Canadá é Britânico, mais ou menos. Um jovem que eu conheço no Canadá fugiu de Deus. "Você consegue pensar em alguma coisa pior?", ele disse, "meu pai é pastor! Eu vou para a Europa". Mas assim que ele chegou a Europa, olhou no mapa e pensou que a Europa era perigosamente próxima ao Canadá: "eu acho que é melhor ir para a Índia. Eu vou dormir nas praias como todo hippie faz". Então ele foi para a Índia. Eventualmente, ele encontrou uma praia onde poderia dormir e, certamente, havia gente de toda parte do mundo dormindo na praia - todos tentando fugir do Ocidente. Então ele achou um espaço na praia e deitou para dormir.

E uma voz próxima a ele disse: "eu nunca te vi aqui antes, deixe eu me apresentar", disse a voz, "eu sou um cristão dos Estados Unidos". E essa conversa levou a uma conversão. Esse jovem não está apenas de volta com o Senhor, ele está de volta ao Canadá, como pastor. Deus não é bom?

Você foge dele, mas é como perseguir uma criança ao redor da casa - você já fez isso? Eu gosto de brincar de aterrorizar crianças para que elas gritem e corram - já fiz isso ao redor do mundo. Depois de algum tempo, você tenta descobrir para onde elas fugirão. Você então as persegue, e elas correm. E você vai por outro caminho, e elas correm diretamente para os seus braços abertos. Elas são confortadas do terror pela mesma pessoa de quem elas estavam amedrontadas. - Tente isso! É um bom hobby. E é o hobby de Deus!

Se você é um não convertido, o seu maior problema não é você mesmo. O seu maior problema é Deus. Você não pode escapar de Deus. Ele fez você, ele irá julgá-lo e você está fugindo! Mas Deus é tão bondoso que fica no seu caminho, e talvez tenha trazido você até este momento aqui para que você possa correr direto para os seus braços. E você descobrirá que aqueles fortes braços dos quais você estava com tanto medo, estão cheios com amor terno, bondade e perdão.

Essa foi a experiência completa de Jonas. Enquanto Jonas ora, ele está consciente de que está nos braços de

Deus. Versículo 2: "Na minha angústia, clamei ao Senhor, e ele me respondeu; do ventre do abismo, gritei, e tu me ouviste a voz". Versículo 7: "Quando, dentro de mim, desfalecia a minha alma, eu me lembrei do Senhor; e subiu a ti a minha oração, no teu santo templo". E assim, Jonas se dedica novamente ao serviço de Deus - veja o versículo 9: "Mas, com a voz do agradecimento, eu te oferecerei sacrifício; o que votei pagarei. Ao Senhor pertence a salvação"! E assim, Jonas é restaurado, e o peixe o vomita. E espiritualmente e geograficamente, ele está de volta onde começou. E a história de vida de Jonas pode começar novamente agora. Ele não é um homem perfeito - como veremos. Ele está andando com Deus, mas não está caminhando o mais próximo de Deus que poderia. Mas o seu arrependimento é real, ainda que não seja perfeito.

É importante entender essa distinção. Seu arrependimento é real, mesmo que ainda não seja perfeito. É como a obediência de qualquer cristão. Nossa obediência, se somos cristãos verdadeiros, é real, mas não é perfeita.

Minha esposa e eu criamos uma família de meninos. Meninos não são como meninas - meninas são inteligentes. Por causa dessa grande onda de testosterona que corre através de nós um mês logo após a concepção, todos os homens e meninos nasceram com danos cerebrais - mulheres, vocês são a raça superior, enquanto nós, homens, somos doentes. Nós temos uma regra na nossa casa: você não pode ir para a cama até ter limpado os seus sapatos. Então, toda noite, os rapazes limpavam os seus sapatos. E por que eu estou falando isso a você? Eu digo: "John, vá limpar seus sapatos". "Tudo bem, pai". Então o menino limpa os sapatos, e agora você tem que limpar o menino. Porque tem graxa por todo lado, graxa nas orelhas - você sabe, aquela graxa espessa e preta. Um dos nossos filhos conseguia manter o pijama limpo, mas - eu não sei como ele conseguia - havia graxa no seu peito, frequentemente!

Agora, aqui está a minha pergunta: quando eu digo para o John limpar os seus sapatos, e ele faz isso, a sua obediência é real? Sim ou não? Sim! Mas a obediência dele é perfeita? Não! E é assim que é com Jonas. Seu arrependimento era real , ele está arrependido e voltou para o Senhor, mas ainda há mais coisas para ele se arrepender porque seu arrependimento ainda não é perfeito. Assim como todos nós.

O arrependimento acontece no primeiro dia de nossa vida cristã, e todos os dias após isso.

Capítulo 3
de Pé

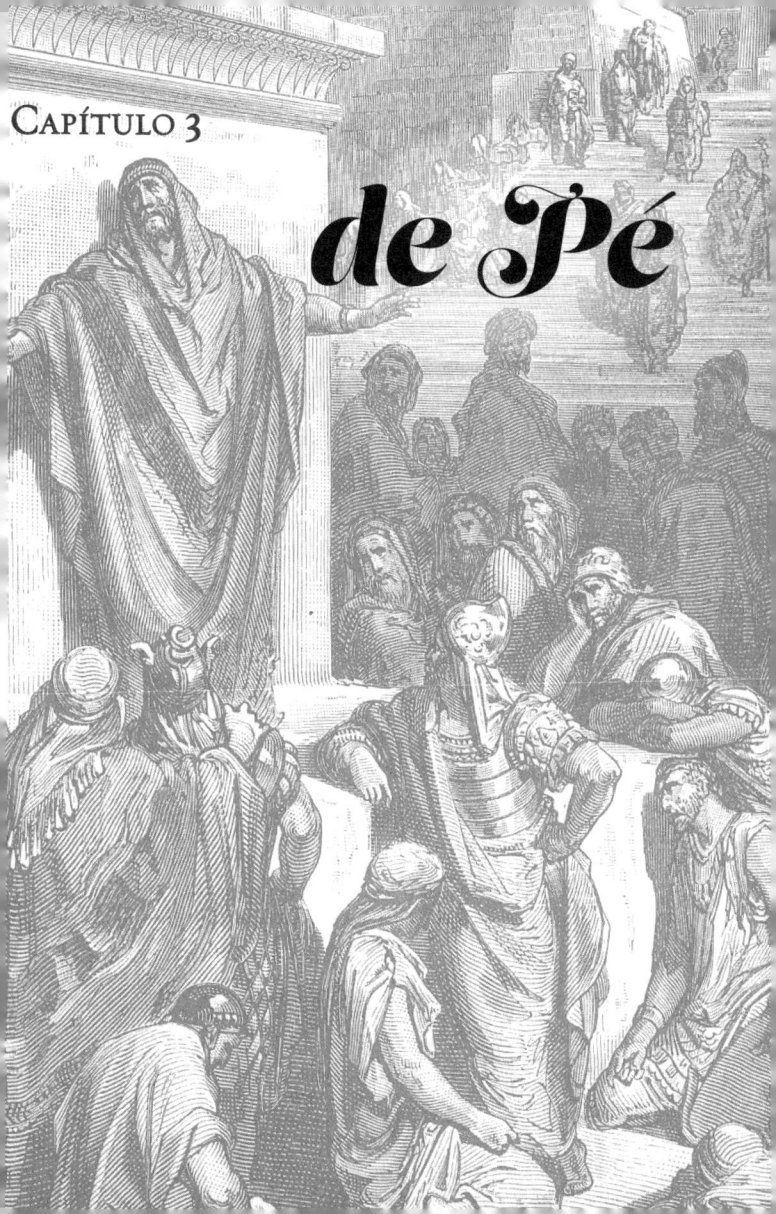

Veio a palavra do SENHOR, segunda vez, a Jonas, dizendo: Dispõe-te, vai à grande cidade de Nínive e proclama contra ela a mensagem que eu te digo. Levantou-se, pois, Jonas e foi a Nínive, segundo a palavra do SENHOR. Ora, Nínive era cidade mui importante diante de Deus e de três dias para percorrê-la. Começou Jonas a percorrer a cidade caminho de um dia, e pregava, e dizia: Ainda quarenta dias, e Nínive será subvertida.

Os ninivitas creram em Deus, e proclamaram um jejum, e vestiram-se de panos de saco, desde o maior até o menor. Chegou esta notícia ao rei de Nínive; ele levantou-se do seu trono, tirou de si as vestes reais, cobriu-se de pano de saco e assentou-se sobre cinza. E fez-se proclamar e divulgar em Nínive: Por mandado do rei e seus grandes, nem homens, nem animais, nem bois, nem ovelhas provem coisa alguma, nem os levem ao pasto, nem bebam água; mas sejam cobertos de pano de saco, tanto os homens como os animais, e clamarão fortemente a Deus; e se converterão, cada um do seu mau caminho e da violência que há nas suas mãos. Quem sabe se voltará Deus, e se arrependerá, e se apartará do furor da sua ira, de sorte que não pereçamos? Viu Deus o que fizeram, como se converteram do seu mau caminho; e Deus se arrependeu do mal que tinha dito lhes faria e não o fez.

O que você sabe sobre arrependimento?

Você deve dar uma atenção especial a esse capítulo. Há duas razões para isso.

A primeira razão é que esse capítulo contém a história do maior despertamento espiritual que já existiu. Mais pessoas são convertidas no capítulo 3 de Jonas do que em todo Israel, no tempo do Antigo Testamento e do que no Dia de Pentecostes.

Houve dias grandiosos na História da Igreja. No quarto século, por exemplo, João Crisóstomo batizou três mil pessoas em um dia. Houve dias grandiosos na época da Reforma do século XVI, quando milhares vinham a Cristo semanalmente. Houve dias grandiosos na História da Escócia. Em uma ocasião famosa, em 1630, um único sermão converteu 500 pessoas e modificou toda a atmosfera espiritual daquele país. No pequeno país onde eu moro, entre outubro de 1858 e janeiro de 1860, cem mil pessoas vieram a Cristo - um décimo da população daquela época. Mas nunca, em toda História, houve algo semelhante ao capítulo 3 de Jonas.

Você entende agora por que eu dei a esta série o título "O missionário bem-sucedido que fracassou"? Jonas foi o pregador, profeta e missionário mais bem-sucedido de todos os tempos.

Mas há uma segunda razão pela qual você deveria dar atenção a esse capítulo: o que Jesus disse. Ele disse que haverá o Juízo final, e que, nesse Juízo, os homens de Nínive se levantarão e condenarão a geração para a qual Jesus pregou porque eles se arrependeram com a pregação de Jonas, mas as pessoas para quem Jesus pregou não se arrependeram.

Alguns dos que estão lendo este livro agora mesmo ainda não se arrependeram. Os ninivitas se arrependeram e o pregador era um pregador relutante. Você ouve, toda semana, a um pregador que está ardentemente ansioso para ter você convertido.

Os ninivitas se arrependeram ao ouvir apenas um sermão. Alguns leitores já ouviram centenas de sermões e ainda não vieram a Cristo.

O sermão que os ninivitas ouviram tinha uma única frase, e ainda assim, eles se arrependeram. É possível que você já tenha ouvido milhões de frases e ainda está longe do Senhor;

O sermão que os ninivitas ouviram contém apenas uma promessa de juízo - promessa de condenação. Já o seu pregador prega também Misericórdia e Graça.

A condenação de qualquer não convertido de nossos dias será maior do que a condenação de outras pessoas que não ouviram o evangelho. Os homens de Nínive se levantarão no Juízo e testemunharão contra tais pessoas.

A vida cristã é frequentemente difícil.

Veja o que diz o texto dos versículos 1 a 4. Talvez alguns de vocês não gostarão que eu fale de Jonas como um cristão. Vocês dirão: "ele é um crente do Antigo Testamento, como você pode chamá-lo de cristão? Você não sabe nada sobre revelação progressiva"? Não, eu não sei. Eu sei sobre revelação incremental. Revelação progressiva dá a impressão de que você está indo adiante, mas deixando algumas coisas para trás. Revelação incremental significa que você mantém toda a revelação que já foi dada, e então você recebe a nova revelação e a coloca no topo.

Jonas era um cristão, sua fé estava em Cristo, ele era um tipo de Cristo, uma figura de Cristo. Eu não tenho vergonha de chamá-lo cristão - e quando encontrá-lo no céu, eu direi: "olá, irmão! Suas orelhas estiveram queimando? Eu tenho falado sobre você."

A vida cristã é frequentemente difícil. Quando eu era um adolescente, ainda na escola, eu trabalhava em uma pequena fazenda durante as férias. Eu tinha uma hora no meio do dia sem nada para fazer. Todos os outros trabalhadores iam para casa. Eu disse à minha mãe: "você pode me emprestar uma bíblia pequena que caiba na minha bolsa"? Ela disse: "você pode pegar essa aqui. É bem pequena, mas tenha cuidado com ela. Essa é a bíblia que foi dada ao seu pai quando ele entrou para o exército, aos vinte anos de idade". Eu abri a bíblia na primeira página e lá estava escrito um texto de 2 Timóteo: "sofre, pois, comigo, as aflições, como bom soldado de Cristo". Esse era o melhor lembrete que meu pai poderia ter. É difícil ser cristão no exército - é difícil ser cristão em qualquer lugar.

A vida cristã é frequentemente difícil. Foi difícil para Jonas. Ele esperava que não precisasse ir a Nínive. Se ele fosse a Nínive, eles talvez se arrependessem. E se eles se arrependessem, Deus os pouparia. E então os assírios continuariam sendo uma ameaça a Israel. Mas se ele não fosse, então Deus os julgaria. E quando os israelitas vissem o julgamento dos assírios, talvez eles mesmos se arrependessem de seus próprios pecados. Tudo em Jonas dizia: não vá para Nínive! Mas nós lemos nos versículos 1 e 2: "Veio a palavra do Senhor, segunda vez, a Jonas, dizendo: Dispõe-te, vai à grande cidade de Nínive". É muito difícil fazer coisas que não se quer fazer. E Jonas não gostou do que ouviu no versículo 2. No capítulo 1, Deus diz: "Dispõe-te, vai à grande cidade de Nínive e clama contra ela, porque a sua malícia subiu até mim". Mas dessa vez, há uma pequena diferença no que ele disse: "Dispõe-te, vai à grande cidade de Nínive e proclama contra ela a mensagem que eu te digo". Ele sentiu na sua alma que sim, eles iriam se arrepender. Ele preferia vê-los mortos. Mas ele já havia aprendido que não vale à pena desobedecer. Então Jonas começa a caminhada que ele não queria fazer.

O seu marido está trabalhando, e você está sozinha com seus filhos. Eles não têm idade suficiente para ir à escola. Você tem que ir ao supermercado. As crianças terão que ir com você. O carro está com o pai. Então você tem uma caminhada para fazer até o supermercado com as crianças pequenas, mas eles não querem ir – e você sabe como elas andam nessa hora. Você tem que puxá-los pelos braços para que venham. Agora diga a eles que vão à loja de doces, e então tudo muda. Pessoas não andam bem quando não querem ir a um determinado lugar.

Jonas tem de caminhar 1.200 quilômetros, isso levará 40 dias, mesmo que ele ande rapidamente. É uma longa caminhada.

Nínive é uma cidade enorme. Se você andasse ao redor das muralhas de Nínive - lembre-se que há a cidade principal no meio, e então três cidades menores ao redor, vários campos e pastos entre elas -, seriam 100 quilômetros. São necessários três dias para percorrer essa distância. É difícil o que ele tem de fazer.

Jonas tem de pregar para os assírios. Eu estou contente por não pregar para assírios. Os assírios eram pessoas violentas. Quando capturavam uma cidade, eles levavam o povo, primeiro os homens e meninos. A primeira coisa que faziam era cortar fora as mãos deles, assim não teriam mais problemas. Depois cortavam suas orelhas, retiravam seus olhos e jogavam os seus corpos nus em uma pilha. Assim, os inimigos morriam sufocados. E eles fizeram isso em todo o Oriente porque queriam que seus inimigos os temessem. E Jonas tem de ir a essa capital, andar por sua rua principal e pregar a mensagem que Deus deu a ele para pregar: "Ainda quarenta dias, e Nínive será subvertida". Essa é uma mensagem dura, mas é a única mensagem que foi dada a Jonas. E não vale à pena desobedecer! E então ele prega a mensagem.

Agora, vocês pastores, gostam de pregar sobre o Juízo? Não é fácil, não é? Na televisão britânica, a BBC - um canal bastante anticristão -, há programas de discussão. Nesses programas de discussão, as pessoas são questionadas sobre todo tipo de assunto. Algumas vezes, há um cristão presente, e esse cristão fala sobre Jesus Cristo. As pessoas acham isso intolerável. Em algumas vezes, o cristão fala sobre o Juízo final e o nosso prestar de contas a Deus. E, sem exceção, duas coisas acontecem. A primeira é que o homem que está conduzindo o programa tira o microfone dele; a segunda é que todo mundo começa a vaiar e gritar para que aquela pessoa saia do programa. Essa é a forma como as pessoas reagem a uma mensagem de juízo na Grã-Bretanha hoje. Porque o coração humano gosta de pensar que Deus está em nossas mãos, e odeia ser lembrado que nós estamos nas mãos de Deus.

Jonas tem somente uma mensagem dura. A vida cristã é frequentemente difícil.

Nosso Senhor Jesus Cristo caminhou para a cruz e disse: "você deve tomar a sua cruz diariamente e me seguir". Não confunda a cruz com providência. Minha esposa tem artrite severa, e as pessoas dizem a ela: "essa é uma cruz pesada para carregar". Mas essa não é a forma como a palavra "cruz" é utilizada no Novo Testamento. A cruz é algo difícil que você toma voluntariamente.

Nós decidimos seguir um caminho difícil quando nos tornamos cristãos, e quem sabe, de fato, qual dificuldade nos aguarda!

Alguns meses atrás, eu estava no Cazaquistão - um país enorme. De um lado ele toca na Europa, do outro, na China; é tão grande quanto a Europa Ocidental. O Senhor tem ali o seu povo. E eu estava conversando com alguns dos cristãos mais antigos, e eles me contavam sobre um grande dia da vida de sua igreja, alguns anos atrás: a polícia foi à igreja com alguns soldados, pegaram o pastor e os presbíteros, e atiraram neles em frente ao prédio da igreja. Há pessoas que ainda se lembram disso. Quando se entra na sala em que o ministro ora antes do culto, na parede, há um grande quadro - a lista de pessoas que morreram por Jesus Cristo. A maior parte dos nomes é do século XX. Eles ensinam aos jovens o seguinte: você percebe que seguir a Jesus Cristo pode custar a sua vida? A todo jovem cristão no Cazaquistão, isso é ensinado. Porque eles sabem que a vida cristã é difícil.

Antes de passar para o segundo ponto, eu gostaria de te dizer que, no entanto, a vida cristã não é apenas difícil. Não é difícil ter os seus pecados perdoados; não é difícil ter o espírito de adoção que clama Aba, Pai; não é difícil ter a consciência de Deus na sua vida; não é difícil ter paz na sua consciência; não é difícil ter alegria que não depende de circunstâncias; não é difícil acordar a cada manhã e perceber que Deus preserva você como cristão; não é difícil chegar ao seu momento de morte, e lembrar que em breve você estará com Cristo, o que é infinitamente melhor! E muitas outras coisas na vida cristã não são difíceis.

Como eu disse, eu estive no Cazaquistão. Eu moro em uma casa normal e em uma rua comum. Os meus vizinhos me perguntaram: "onde você está indo dessa vez"? "Eu vou para o Cazaquistão". "Para onde? Você conhece alguém lá"? "Não". "Com quem você vai ficar"? "Com uma família". "O que você vai fazer"? "Falar em uma conferência cristã". "Você conhece alguma pessoa para quem você vai falar"? "Não". "Como você pode fazer isso"? O mundo não pode compreender a família cristã. E se eu chegasse em Gales, e dissesse a eles que eu me senti mais em casa com cristãos do Cazaquistão do que com os meus vizinhos, eu não daria uma boa impressão, mas seria verdade. É maravilhoso ser cristão! Mas a vida cristã é frequentemente difícil.

Arrependimento é sempre difícil.

Os versículos de 5 a 9 falam sobre o arrependimento de Nínive. Jonas prega: "Ainda quarenta dias, e Nínive será subvertida", e o povo de Nínive crê em Deus. Eles não creram em Jonas. Eles estavam conscientes que, por trás da voz do pregador, estava outra voz - eles creram em Deus. O texto não diz que eles aceitaram a existência de Deus, mas sim que eles acreditaram em Deus. Se você acredita em mim, o que você fará? Você acreditará no que eu digo. Se você acredita em Deus, o que você fará? Você acreditará no que ele diz: Deus diz o que ele é, você acredita nele; Deus diz o que ele fez, você acredita nele; Deus diz o que ele fará, você acredita nele; Deus diz o que você deve fazer, você acredita nele, e então você se achega a ele, você se entrega a ele, você se aproxima dele, você o adora, você o ama, e você nunca mais se mantém longe dele, e você vive para agradá-lo. Porque você acredita em Deus. E se você acredita em Deus, você crê que o pecado é muito pior do que as pessoas pensam. Pecado é coisa séria, é odioso! E eles creram em Deus.

Agora, como você explica esta revolução espiritual extraordinária? Pessoas já tentaram sugerir diversas explicações. Eles dizem: "bem, o próprio Jonas era um sinal para eles". Isso é verdade, a Bíblia diz isso. Eles dizem: "você se lembra em 1896, na costa da Argentina", se a história for verdadeira, e existe certa dúvida a respeito disso, "um homem foi engolido por uma baleia. Ninguém sabia aonde ele havia ido. Um navio capturou uma baleia, eles a cortaram no meio, e encontraram um homem dentro do estômago. Ele estava inconsciente e tão branco quanto a sua roupa mais branca". Eu não tenho ideia de que cor esse homem era antes. E eles dizem: "então se você visse alguém assim, você pensaria que tinha visto um fantasma. E, talvez, tenha sido isso que impressionou os ninivitas". Que coisa mais sem sentido! A revolução espiritual é explicada por causa do trabalho extraordinário do Espírito Santo! Ele abre olhos espirituais!

Ele abre o entendimento espiritual! Ele é o autor da fé! Ele é o motivo para que os ninivitas tenham acreditado em Deus!

A novidade chega ao rei, isso pode ser lido no versículo 6. O rei ouve sobre esse grande avivamento e percebe uma coisa: não há portas especiais no céu para reis! E não há portas especiais no céu para políticos, ou PhDs, ou professores universitários, ou presidentes. Existe apenas uma porta pequena para o céu, e você tem de ficar tão pequeno quanto uma criança, caso contrário, não pode entrar por ela. E o rei precisa descer do seu trono, se envergonhar dos seus pecados tanto quanto qualquer outra pessoa, e sentir pesar por seus pecados, como qualquer outro.

E você e o seu pecado? Por que você está arrependido pelo seu pecado? É somente porque você está com medo das consequências? Isso não é arrependimento. Arrependimento é ter vergonha de quem você é. Você faz o que você faz porque você é quem você é. E o que você é, é o que Deus diz que você é: um pecador! O evangelho é que Cristo Jesus veio ao mundo para salvar pecadores! E sem esse sentido claro de pecado, você não pode ser salvo.

Na Europa, as pessoas estão obcecadas por sua imagem. Você entra em um cabeleireiro masculino, e os rapazes estão todos cortando o cabelo como o David Beckham. Eu acho que David Beckham tem algum acordo secreto com eles, pois ele modifica seu cabelo a cada cinco semanas. Então, metade da população muda o seu corte de cabelo a cada cinco semanas. Eles estão obcecados por sua imagem. Eles têm que comprar camisetas com um determinado logotipo nelas, tênis de determinadas marcas, sapatos da forma exata que está na moda, e camisas com uma marca estampada nelas.

O tempo todo Deus diz: "homens olham para a aparência exterior, eu olho para o coração". E o que ele vê é podridão e coisa estragada! É difícil para qualquer homem ou mulher encarar o que eles realmente são. Mas arrependimento requer isso.

Então um pensamento vem à cabeça dos ninivitas: "Deus prometeu nos destruir em quarenta dias, mas talvez ele nos poupe se todos nós nos arrependermos". E os nossos liberais "entendidos" zombam do capítulo três de Jonas. Eles dizem: "um rei jamais faria um decreto dizendo para que todos se arrependessem". Pobre liberal ignorante! Esar-Hadom II, rei da Assíria, ordenou à sua nação para lamentar por cem dias porque ele estava temeroso de que os exércitos do norte, os medos e os persas pudessem causar algum dano a seu reino. Esse fato está escrito nas pedras de Nínive. Na história de Heródoto, encontramos um general persa, que ordena a todo o seu exército que lamente a morte de um dos seus generais que estava lutando na Grécia. Eles cortaram os cabelos de todos os homens e meninos e de todos os cavalos e mulas. E o liberal diz que isso nunca poderia acontecer.

Os ninivitas reconheciam a ira furiosa de Deus, e eles estão esperando - apenas esperando - que ele opte por ter misericórdia. Então eles se arrependem. Nós estamos em uma posição muito melhor do que a deles. Nós sabemos sobre os fatos da vida, morte e ressurreição de Jesus Cristo. Nós podemos olhar para trás, para a prova final da misericórdia e graça de Deus. Nós sabemos alguma coisa sobre a medida do grande amor de Deus. Os ninivitas apelaram a Deus no escuro e ele os ouviu!

Você pode apelar a Deus da luz! Você sabe o que ele fez por pecadores. Você sabe as promessas ele fez. Você sabe que ele diz que quem quer que chame pelo nome do Senhor Jesus Cristo, será salvo.

Arrependimento é sempre difícil.

Então chegamos ao último versículo: "Viu Deus o que fizeram, como se converteram do seu mau caminho; e Deus se arrependeu do mal que havia dito lhes faria e não o fez". Medite nesse versículo hoje. Entesoure-o.

Senhoras e senhores, Deus vê você. Ele vê o que você faz. Ele vê o que você pensa. Ele vê o que está por trás do que você pensa. Deus conhece você tão bem quanto se conhece. Eu acho isso maravilhosamente encorajador como pregador do evangelho. Às vezes quando estamos pregando o evangelho, nós vemos uma pessoa obviamente tocada pela mensagem. Às vezes, debaixo da luz, você consegue ver uma lágrima correndo pelo seu rosto. Mas muito antes que o pregador veja algo desse tipo, Deus já vê o que está acontecendo no coração. E o que acontece no coração é o que conta. Religião verdadeira, religião reformada é uma religião do coração.

Deus é cheio de compaixão! Você está bem distante dele, você se volta somente um pouquinho na direção dele, e ele já corre para te encontrar. E ele se compadece do que havia ameaçado fazer. E você percebe que, por trás de suas ameaças, está a graça.

Então o relógio está contando os quarenta dias - e tenho certeza de que eles estavam marcando no calendário. Como você acha que eles se sentiram no quadragésimo dia? Você acha que eles dormiram? Então veio o dia 41, e então o dia 42. Você acha que tinha alguém fazendo compras? E o dia 43. E então eles perceberam que Deus os ouviu.

Você consegue imaginar o alívio? Um dia você está com a sua família, e o governo anuncia na televisão que um míssel atômico está vindo para sua cidade e irá atingí-la em doze minutos. Você beija sua esposa, seus filhos, reúne a família para orar, espera e nada acontece. Você agora verá sua esposa de um jeito que nunca viu antes, e seus filhos serão preciosos para você de um jeito que nunca foram antes. Você esteve a ponto de perdê-los, mas não aconteceu. Você consegue imaginar a emoção? Eu acho que eu beijaria a minha esposa até a manhã seguinte e diria para os meus filhos fazerem uma fila para que a gente faça isso pelos próximos oito dias!

Pregadores arminianos tolos nos dizem que não existe emoção na vida cristã e que não importa o que você sente! Nós temos uma expressão adorável na língua francesa que utilizamos quando alguém fala demais. Nós dizemos: "eu queria que Deus colocasse um prego através do bico daquela pessoa" Existe emoção na vida cristã! Deus te deu uma alma! E a alma é feita de duas partes inseparáveis, de um lado está o pensamento, e do outro está a vontade. E não existe mais nada na sua alma. Certos pensamentos fazem você dizer: "SIM"! E isso é um mover muito forte da vontade. E alguns pensamentos fazem você dizer: "NÃO"! E isso é um mover forte da vontade em resposta a seus pensamentos. Nós chamamos isso de emoção. Existe emoção na vida cristã! E uma das provas de que você é um cristão são as suas emoções.

Nós temos um membro em nossa igreja. Ele não pode falar - nunca falou -, ele não pode andar - nunca andou -, ele não pode ler - nunca leu -, mas está lá todo domingo de manhã em sua cadeira de rodas. E sempre que o pregador prega sobre Jesus Cristo, ele grita! Isso é o que um cristão faz! E é por isso que ele é um membro de nossa igreja.

Quando eu era apenas um garoto, me disseram: fé é apenas confiar, você não tem de sentir nada, é verdade, nós não confiamos em nossos sentimentos, nós confiamos em Jesus Cristo. Mas nós estamos tão aliviados por termos sido salvos por Jesus Cristo, que quando pensamos nele, nós dizemos fortemente: "SIM"!

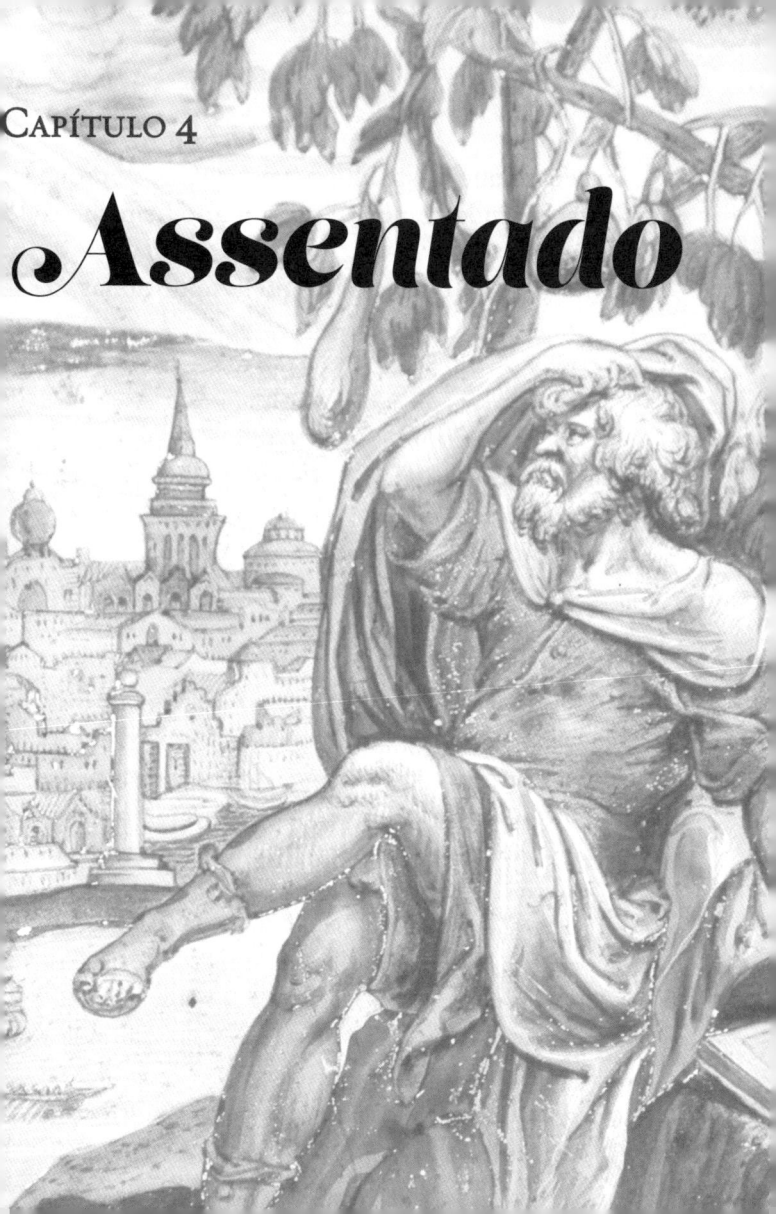

Capítulo 4
Assentado

Eu espero que a esta altura, você entenda porque eu chamei este estudo como: "O missionário bem-sucedido que fracassou".

E chegamos à última parte do livro de Jonas, o capítulo 4.

> Com isso, desgostou-se Jonas extremamente e ficou irado. E orou ao SENHOR e disse: Ah! SENHOR! Não foi isso o que eu disse, estando ainda na minha terra? Por isso, me adiantei, fugindo para Társis, pois sabia que és Deus clemente, e misericordioso, e tardio em irar-se, e grande em benignidade, e que te arrependes do mal. Peço-te, pois, ó SENHOR, tira-me a vida, porque melhor me é morrer do que viver. E disse o SENHOR: É razoável essa tua ira?

> Então, Jonas saiu da cidade, e assentou-se ao oriente da mesma, e ali fez uma enramada, e repousou debaixo dela, à sombra, até ver o que aconteceria à cidade. Então, fez o SENHOR Deus nascer uma planta, que subiu por cima de Jonas, para que fizesse sombra sobre a sua cabeça, a fim de o livrar do seu desconforto. Jonas, pois, se alegrou em extremo por causa da planta. Mas Deus, no dia seguinte, ao subir da alva, enviou um verme, o qual feriu a planta, e esta se secou. Em nascendo o sol, Deus mandou um vento calmoso oriental; o sol bateu na cabeça de Jonas, de maneira que desfalecia, pelo que pediu para si a morte, dizendo: Melhor me é morrer do que viver! Então, perguntou Deus a Jonas: É razoável essa tua ira por causa da planta? Ele respondeu: É razoável

a minha ira até à morte. Tornou o SENHOR: Tens compaixão da planta que te não custou trabalho, a qual não fizeste crescer, que numa noite nasceu e numa noite pereceu; e não hei de eu ter compaixão da grande cidade de Nínive, em que há mais de cento e vinte mil pessoas, que não sabem discernir entre a mão direita e a mão esquerda, e também muitos animais?

Você está disposto a deixar Deus te ensinar?

Há três grandes verdades nesse capítulo. A primeira delas está nos versículos de 1 a 4.

Deus não é como nós.

Deus não está mais irado contra Nínive. Deus se deleita em pecadores voltando para ele. Alguns calvinistas dão a impressão de que Deus não se alegra muito quando pecadores retornam para ele, eu não sei por que eles dão essa impressão, provavelmente, por serem calvinistas que não estão vivendo próximos do Senhor. Deus se alegra em pecadores que voltam para ele! Deus não tem prazer algum na morte do ímpio, ele ama quando um pecador se arrepende e retorna para ele. E Deus não somente coloca uma túnica sobre o pecador, ele coloca a melhor túnica! Ele coloca um anel em seu dedo para mostrar a sua filiação! Sapatos em seus pés para mostrar que essa pessoa não é mais um escravo! E os anjos de Deus cantam - eu creio que Deus canta também! Há música e dança quando um pecador retorna para Cristo! E nós devemos pregar o Evangelho dessa forma, em todo tempo.

Jonas nos diz que sabe que Deus é tardio em irar-se, gracioso e misericordioso. Mas Jonas é como esses calvinistas sobre os quais eu estava falando. Ele, na realidade, não gosta quando as pessoas são convertidas. Na verdade, Jonas está furioso porque Deus poupou Nínive. Se Nínive continua a existir, ela será sempre uma ameaça para Israel, e Jonas ama Israel mais do que qualquer outra nação. Se você ama Israel mais do que qualquer outra nação, eu aponto meu dedo para você e te chamo "Jonas"! Há algo seriamente errado com o seu modo de pensar. Jonas está furioso e teme que deva existir ainda qualquer ameaça para Israel, então ele fala com o Senhor - mas Deus não é como nós, Deus nos escuta mesmo quando estamos zangados.

Eu não sou assim, eu penso que estou lidando melhor com isso, mas não sou como Deus. Se meus filhos me respondem com raiva, eu digo a eles: "eu não vou ouvir você enquanto fala comigo desse jeito. Vá embora, se acalme, e quando tiver se acalmado, volte e, então, eu estarei contente em ouvir o seu ponto de vista". Mas Deus não é assim. Jonas está furioso, e Deus ouve. Assim como Jó, que falava repetidamente e reclamava, e Deus ouvia. No fim do livro de Jó, Deus fala: "vocês confortadores, vocês não falaram de mim o que era reto, como o meu servo Jó".

Deus ouviu pacientemente a Jó através de todas as suas reclamações. Habacuque se queixou com Deus. Ele não conseguia entender como Deus usava pessoas ruins para punir o mal em Israel. Então ele reclamou e murmurou, e Deus ouviu. Jeremias se queixou com Deus. Ele estava cansado de pregar - era muito custoso para ele -, mas então ele percebeu que não conseguia parar de fazê-lo porque havia como um fogo queimando dentro dele. Ele não queria fazê-lo, mas não conseguia parar de fazê-lo. Então Jeremias se lamentava com Deus, e Deus ouvia. E Jonas reclamava, e Deus ouvia. Porque ele realmente é tardio em irar-se e gracioso. Deus aguenta o nosso egoísmo.

Então acerca do que Jonas está realmente irado? Ele está irado porque Deus não é como ele. Agora, nós provavelmente já falamos muito sobre arminianos e nós tomaremos cuidado sobre o que diremos a respeito dos arminianos, a maioria de nós foi arminiana, não é mesmo? E alguns de vocês ainda são arminianos. Mas é errado ser arminiano. E o problema com os arminianos é que eles não gostam de Deus sendo Deus. Eles querem que Deus seja mais como eles. Às vezes isso é apenas imaturidade espiritual, e às vezes é apenas teimosia.

Você acha que Deus não foi tocado quando Jonas reclamou? Jonas não apenas reclamou, ele foi mais longe. Veja o versículo 3: «Peco-te, pois, ó Senhor, tira-me a vida, porque melhor me é morrer do que viver». "Eu odeio o que eu estou vendo, Senhor! Eu prefiro morrer a ver a Assíria salva. Por favor, me mate! E faça isso agora"! Agora ele foi longe demais, não foi? E Moisés foi longe demais, não é? Em Números 11, ele diz: "não fui eu que trouxe esse povo à existência! Eles não são o meu povo, eu não sou o pai deles, o Senhor os trouxe à existência e me colocou responsável por eles! E olhe para eles: eles são um grupo de murmuradores, ranzinzas e mal-humorados. Eu estou cansado deles, não aguento mais! Eu quero sair fora, então me mate aqui e agora. Se você tem algum respeito por mim, me mate"! Isso foi o que Moisés disse, e ele foi o homem mais manso que já existiu. E Deus o ouviu. Elias fez a mesma coisa: "Eu pensei, quando comecei a pregar, Senhor, que eu faria melhor do que os que vieram antes de mim. Nós tivemos essa coisa maravilhosa acontecendo no Monte Carmelo, mas agora aquela mulher, Jezabel, está à procura por mim para me matar! Por isso eu fugi, Senhor! Não é sem razão. Não há esperança para mim, e é por isso que estou aqui deitado debaixo deste arbusto. Então, me deixe dormir e não acordar". E Deus o ouviu.

Você, às vezes, se queixa para Deus? Se você sabe alguma coisa sobre oração, você, certamente, reclama para Deus de vez em quando. Porque orar é dizer ao Senhor tudo o que está em seu coração naquele momento. As pessoas dizem para mim: "eu acho difícil orar". E a minha pergunta é: "por quê? Orar é dizer ao Senhor tudo o que está em seu coração naquele momento. Qual é a dificuldade disso"? Deus se ira, e sua ira é terrível, mas ele é tardio em irar-se. Ele é abundante em amor inabalável e ele não tem desejo algum em fazer mal.

Depois de toda a lamentação de Jonas, Deus simplesmente diz para ele: "você tem o direito de estar irado"? Deus não é como nós! Se Deus fosse como nós, estaríamos todos perdidos! Graças a Deus nós pregamos o Evangelho.

Quando eu estava na escola, eu estudei, dentre outras coisas, os clássicos. Nós estudamos os deuses gregos e romanos - eles eram um grupo de deuses mal-humorados. No momento em que você os ofendesse no menor detalhe que fosse: BAM! Assim que eles eram. É o mesmo que os deuses animistas de hoje! A primeira coisa errada, e então a colheita já não vem ou uma criança morre. É dessa forma que eles veem os seus deuses. E todos os deuses inventados no mundo são irascíveis. Não é maravilhoso viver em um universo em que o único Deus verdadeiro é tardio em irar-se? E todas as suas esperanças eternas dependem deste fato, que Deus não é como nós. Todos os deuses inventados dizem: "eu vou salvar você, se você for bom o suficiente". Mas nós temos em nossa Bíblia este versículo maravilhoso: "Deus justifica o ímpio". Porque Deus não é como nós.

Então, por que você - pessoa não convertida - ainda está mantendo distância de Deus? O que há para ter medo? Ele te convidou para ser filho dele. Ele está de braços abertos para você o dia inteiro, e você não tem nada mais a fazer, a não ser correr para ele. E ele irá abraçar você para sempre, porque ele não é como nós.

Deus não ensina como nós ensinamos.

Vamos ver agora os versículos 5 a 9. Jonas vai embora e fica amuado. Ele caminha por fora de Nínive e constrói para si uma pequena enramada. Ele era um pregador, você se lembra? Então ele não era muito bom nessas coisas "faça você mesmo". Não era uma enramada muito boa. Ele se senta dentro da enramada e se amua ali. Nós dizemos em inglês que ele tem o rosto tão longo quanto um bule de café. Ficar amuado é um tipo de chantagem: "eu não vou falar, eu vou agir estranho, não serei co-operativo até você desistir e fazer as coisas do meu jeito".

Ao redor de todo o mundo as pessoas se amuam. Em 1965, quando eu havia sido pastor por um ano, eu mudei de casa, e um membro da igreja perguntou: "para onde você se mudou, pastor"? Eu disse a ele o nome da rua. "Eu tenho um irmão que mora nessa rua", ele disse. "Eu moro no número 39, em que número ele mora"? "Eu não sei", ele disse. "Eu entendo o problema, você sabe qual é a casa, mas não se lembra o número". "Não", ele disse, "eu me esqueci qual é a casa". Eu disse: "você tem um irmão que mora na minha rua, mas você não sabe em que casa ele mora. Por quê"? "É que a gente não conversa desde a guerra". A guerra terminou em 1945! Então, durante vinte anos, esses dois irmãos têm ficado amuados porque tiveram uma discussão. "E você sabe sobre o que era a discussão"? Ele não conseguiu se lembrar.

Pessoas se amuam: "eu vou ficar no meu canto até você se desculpar, e as coisas caminharem como eu quero".

Ao lado de nossa igreja em Liverpool, havia uma loja que vendia peixe frito - uma das boas coisas da vida é peixe frito. Nessa loja, havia uma mulher que trabalhava lá: «olá, Pastor Olyott, como está a sua esposa? E a família? E a igreja? Você gostaria de um peixe frito?» Ela era a mulher mais bondosa da área. Ela veio à minha porta um dia: "eu gostaria que a minha filha se casasse em sua igreja". Eu respondi: "eu terei que falar sobre isso com os presbíteros, mas é bastante improvável". E por várias razões, os presbíteros disseram não. Então eu fui à loja dela: "eu sinto muito em dizer isso, mas os presbíteros disseram não". Depois disso, se eu a visse na rua, ela virava para o outro lado. Se eu entrasse em sua loja, ela ia para os fundos e outra pessoa me atendia. E, até onde sei, ela ainda está amuada. Porque eu não vivo mais em Liverpool.

E por que as pessoas fazem isso? «Eu quero que seja do meu jeito!» Se Jonas fosse seu filho, o que você faria?

Você tem filhos que ficam amuados? Você tem, não tem? O que você faria se Jonas fosse seu filho? Bem, eu sei o que eu faria. Eu o ignoraria por um tempo, até ele ter fome - isso geralmente é suficiente para um rapaz -, mas se ele continuasse amuado, eu iria até ele, e diria que esse comportamento não seria tolerado, e então "aqueceria" uma certa parte de sua anatomia.

Deus nos corrige também. Se Deus não te corrige, diz Hebreus, é porque você não é filho dele. Deus não nos ensina como nós ensinamos, ele sempre nos ensina de uma maneira que nos lembre que ele é Deus, e a sua disciplina é perfeitamente sábia, gentil, firme e profunda. Porque ele é o mestre dos mestres.

Então Jonas continuava amuado em seu coração. No versículo 5, ele está assentado em sua enramada esperando para ver o que acontecerá a Nínive. E, enquanto ele está sentado ali, uma planta cresce e suas folhas se espalham por sobre o telhado, e em meio ao terrível calor oriental, ele consegue uma sombra. Você se lembra do que aprendemos sobre emoções? Você tem um pensamento, e então você diz "SIM!" ou "NÃO!", e aquela moção é uma emoção. Isso é o que acontece com Jonas. A planta cresce, e então ele está na sombra. Ele diz: "uma planta, sombra, SIM"! E ele está muito grato - isso foi errado da parte dele. Ele deveria ter dito: «isso é incrível, uma planta crescendo nessa velocidade e nesse calor, com essas folhas extraordinárias me dando sombra! Não é Deus bondoso? SIM»! Mas ele não teve um pensamento sequer a respeito de Deus. Não havia espaço para Deus em seus pensamentos naquele momento.

Então Deus, que havia preparado a planta, prepara um verme. Você o encontra no versículo 7. Pense sobre isso: o verme veio à existência. Quanto tempo isso levou? E o verme está passando por aquele calor e, justamente no momento apropriado, o verme precisa de alguma coisa para comer. E ele come a raiz daquela planta. A planta morre. Jonas é deixado debaixo do sol ardente e do vento quente que sopra em sua direção. Ele se sente tão mal que quer morrer. É uma coisa terrível ser exposto ao vento de Deus e ao seu sol. E é uma coisa terrível ser exposto à ira de Deus.

Jonas está tão furioso que o seu conforto foi tirado, que diz: «é melhor para mim morrer do que viver». É a segunda vez que ele disse isso, ele tem desejo de morte. E Deus simplesmente diz: «é razoável essa tua ira por causa da planta»? Essa pergunta gentil, vinda do mestre dos mestres, é demais para Jonas. Eu não sei como explicar isso, mas, às vezes, você tem que aquecer água em uma caneca, então você a coloca no micro-ondas. Demora geralmente dois minutos para ferver. Mas você comete um erro, e programa para quatro minutos. Para sua surpresa, quando você abre a porta do micro-ondas, a água não está nem borbulhando. Existe uma explicação científica para o que acontece em seguida. Você estica a mão para pegar aquela xícara, e então, toda a água explode. «Você tem o direito de estar irado por causa da planta"? «Eu tenho todo o direito de estar zangado até a morte! Eu estou irado o suficiente para morrer».

Amigos cristãos, você pode ver o que Deus fez? Ele fez Jonas chegar ao ponto de perceber que era um completo hipócrita. Jonas está fervilhando por dentro. Furioso porque Deus não destruiu Nínive, mas furioso porque Deus destruiu a planta. Então Deus não destrói isso, e ele fica furioso, mas Deus destrói aquilo, e ele também fica furioso.

Que tipo de pessoa pensa dessa maneira? Uma pessoa cabeça de bagre egoísta. Ele é centrado em si mesmo, obcecado por si mesmo, enfatuado por si mesmo e adora a si próprio! Deus mostrou a ele o que ele realmente é. Ele é apenas um homem egoísta. É isso que nós odiamos: quando Deus torna claro o tipo de pessoas que realmente somos.

Deus vê o que nós nos recusamos a ver.

Vejamos os versículos 10 a 11, finalmente. Há coisa para nós vermos, mas nos recusamos a enxergá-las. Mas Deus as vê: "Jonas, você está preocupado com o que você quer: você quer a Assíria destruída e você quer sombra. Você está irado porque não obteve o que queria. Você está zangado porque eu poupei uma cidade e não poupei uma planta. Jonas, você não consegue ver o que eu vejo? É uma cidade arrependida, há entre 500 mil e um milhão de pessoas vivendo nela, há animais em seus pastos, e há 120 mil meninos e meninas».

É sobre isso que é o versículo 11. Se você não acredita em mim, tente isso: levante sua mão esquerda agora. Algumas pessoas levantarão a mão direita. Agora tente isso com um grupo de crianças. Algumas delas levantarão a mão direita, outras levantarão a esquerda ou até mesmo as duas. Tente isso com um grupo de crianças bem pequenas. Elas não sabem o que é direita nem esquerda. Você não se importa com aqueles meninos e meninas crescendo em Nínive, Jonas? Você nem sequer pensa a respeito deles?

O que você vê quando está caminhando por uma rua cheia? Pessoas aqui e ali, muitas delas em seu caminho impedindo que você entre onde quer? Ou você vê um homem aqui, uma mulher ali, uma criança lá, todos feitos à imagem de Deus? Olhe na fila de pessoas esperando pelo ônibus, o que você vê? Você está pensando se haverá espaço suficiente para você no ônibus? Há mais beleza naquela fila no ponto de ônibus do que há em toda a Cordilheira dos Andes. Há mais pecado ali também, mas há mais da imagem de Deus ali do que em todas as montanhas do mundo. Deus nunca fez uma montanha à sua imagem.

O país mais influente no mundo hoje é, sem dúvida, os Estados Unidos da América - eu não acho que será assim por muito mais tempo, mas essa é a situação no momento. Quando você pensa a respeito dos Estados Unidos, o que você pensa? Será que Barack Obama vai concorrer a um segundo mandato? Eu sou britânico e eu mesmo me faço essa pergunta. Será que Sarah Palin concorrera à presidência? Ou você vê uma nação que está em uma encruzilhada espiritual, correndo o risco de perder o seu capital espiritual e a sua influência cristã no mundo? Agora pense na África, o que você pensa? Mais de 45 países. Você pensa: ditadores, guerra civil, corrupção, desonestidade? Ou você pensa em milhões que estão necessitando de Cristo?

Nós temos um ateu muito famoso na Grã-Bretanha. Seu nome é Matthew Parris, ele escreve para um jornal influente. O seu artigo mais recente que li era assim: por que a África precisa de Deus? Não é interessante isso para um ateu? Ele escreve assim: se Deus não resolve os problemas através de pregação cristã, a África irá de mal a pior. Pregação cristã! E há uma oportunidade de pregar lá!

Nós falamos sobre o mundo muçulmano, o que você pensa quando ouve a palavra "muçulmano"? Ódio? Planos de ameaça? Segurança nos aeroportos? Ou você pensa em um campo para colheita? Nos últimos 27 anos, mais muçulmanos vieram a Cristo do que nos mil anos anteriores. Eles estão vindo para Cristo a cada hora! É verdade que existe martírio entre eles, mas o evangelho é mais forte do que o Islã! E a paciência de Cristo é maior do que a dureza de seus corações! O mundo muçulmano é um campo missionário. Há milhões de meninos e meninas sem Cristo e sem esperança. Você sequer pensou nisso?

Qual é a lição que vamos tirar de tudo isso? A nossa ambição deve sempre ser, enxergar tudo como Deus enxerga. Tudo o que Deus ensina tem essa intenção. Nós deveríamos enxergar cada pessoa e cada coisa da forma que Deus as enxerga.

Isso que é piedade: enxergar como Deus enxerga.

Chegamos ao fim do livro. Isso levanta uma pergunta: por que o livro de Jonas termina da forma como termina? O fim de Jonas é uma conversa entre Deus e Jonas. Quem relatou a conversa? Está escrito para nós, quem a relatou? Não havia mais ninguém lá! Jonas a relatou, é óbvio, não é? Por quê? Porque ele foi convencido pelo que o Senhor disse a ele. Ele foi mudado pelo o que o Senhor disse a ele. Ele foi silenciado pelo que o Senhor disse a ele.

E esse é o objetivo do livro: a salvação de Deus é para todo o mundo.

Esse é o maior livro missionário do Antigo Testamento. Ele prepara o campo para a grande ordem de missão que Cristo deu à sua igreja: o evangelho deve ser pregado a todas as pessoas.

O que você está fazendo pela evangelização do mundo? O que você está fazendo para fortalecer a Igreja de Cristo ao redor do mundo? Essas são as grandes perguntas que devemos ter em mente.

FIEL
MINISTÉRIO

O Ministério Fiel visa apoiar a igreja de Deus, fornecendo conteúdo fiel às Escrituras através de conferências, cursos teológicos, literatura, ministério Adote um Pastor e conteúdo online gratuito.

Disponibilizamos em nosso site centenas de recursos, como vídeos de pregações e conferências, artigos, e-books, audiolivros, blog e muito mais. Lá também é possível assinar nosso informativo e se tornar parte da comunidade Fiel, recebendo acesso a esses e outros materiais, além de promoções exclusivas.

Visite nosso site

www.ministeriofiel.com.br

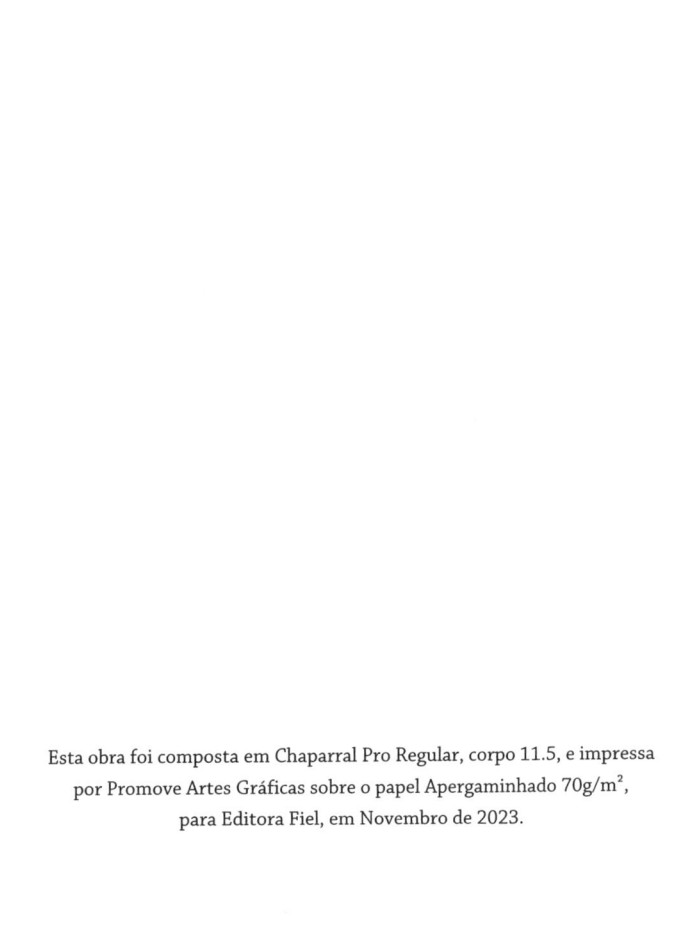

Esta obra foi composta em Chaparral Pro Regular, corpo 11.5, e impressa por Promove Artes Gráficas sobre o papel Apergaminhado 70g/m², para Editora Fiel, em Novembro de 2023.